# LA TUNISIE MODERNE

## et les débouchés
## qu'elle offre à l'activité belge

par

Rodolphe VAN LOO
licencié en Sciences Commerciales
membre de l'Union Coloniale Française

&

Alfred C. BLANCKE
attaché commercial
à la Légation Impériale de Perse

Vue générale de Tunis, capitale de la Tunisie.

*Cliché Pierre de Witasse.*

uxelles — 1913

# LA TUNISIE MODERNE

### et les débouchés qu'elle offre à l'activité belge

" L'EXPANSION BELGE "

Revue mensuelle illustrée

# LA TUNISIE MODERNE

## et les débouchés  qu'elle offre à l'activité belge

par

Rodolphe VAN LOO

licencié en Sciences Commerciales
membre de l'Union Coloniale Française

&

Alfred C. BLANCKE

attaché commercial
à la Légation Impériale de Perse

Bruxelles — 1913

# La Tunisie Moderne

## et les débouchés qu'elle offre à l'activité belge

D ANS certaines études à tendance expansionniste, et principalement dans les monographies de pays colonisés, les descriptions topographiques, hydrographiques et climatologiques, les indications ayant trait à la démographie, à l'histoire et au régime politique, s'imposent parfois au même titre que les considérations essentiellement économiques, en raison de l'influence primordiale qu'exercent, sur la vitalité des nations et l'émancipation des peuples, les éléments dont elles déterminent la nature et les principes.

Bien qu'ils puissent paraître arides et stériles, ces détails, en réalité des plus instructifs, n'en constituent pas moins, par l'étroite relation entre la matière qu'ils précisent et les différentes branches de l'activité humaine qu'ils visent plus particulièrement, des données sérieuses de juste et saine appréciation. Ils permettent, en effet, aux agriculteurs, aux industriels, aux négociants de se rendre compte des avantages immédiats ou pro-

Dans le Sud Tunisien. Oasis près de Kébili.

chains à tirer des conditions géographiques de la région étudiée, comme aussi des ressources et des besoins de la population indigène.

Pour la Tunisie, qui évolue rapidement, réalisant dans une large mesure les prévisions encourageantes de ceux qui ont pris souci de ses destinées, les notes idoines, les renseignements analytiques ont une importance utilitaire prédominante, car la situation de ce pays, sa configuration, son climat, sa nature physique, en un mot, toute sa géographie influe sur la puissance de ses facultés productrices et fournit des bases précieuses pour le choix d'une méthode d'exploitation rationnelle de ses trésors miniers et de ses terroirs fertiles.

Il est donc hautement souhaitable que les intéressés apprennent à connaître cette vaste contrée du Nord africain, avant d'en faire le siège de leurs opérations. La notion exacte de son état général peut dicter aux firmes tant d'exportation que d'importation, comme aux immigrants de toutes catégories, une ligne de conduite logique, une préparation judicieuse, et amener ainsi, indirectement, une action bienfaisante sur l'essor économique de la nation.

* * *

Phot. Soler à Tunis.
Tunis-la-Blanche. Mosquée et minaret.

lions de francs. C'est une preuve tangible du contact régulier qui existe entre les deux pays; mais, à l'époque décisive où les peuples qui ne grandissent pas en force d'action, en rayonnement commercial, sont voués à une décadence certaine, il importe que les industriels et les financiers belges étudient davantage l'Afrique du Nord, afin d'accroître jusqu'à pleine maturité la valeur des transactions futures.

En raison même de la prospérité fortement ascendante de la Tunisie, les rapports économiques avec cette contrée deviennent de plus en plus rémunérateurs.

Grâce aux vues larges, saines et libérales dont fit preuve Mohammed-el-Hadi, l'ancien Bey, mort en 1906, et à l'esprit clairvoyant de son successeur, le Pacha Bey actuel, S. A. Sidi-en-Nacar, la Régence de Tunis est définitivement entrée, sous l'hégémonie française, dans la voie du progrès; elle jouit, d'ores et déjà, d'une ère de tranquillité, de labeur fécondant et d'heureuses innovations.

La Belgique, travailleuse et entreprenante, pourrait recueillir, du développement de son commerce extérieur avec l'Atlantide orientale, de réels avantages, de sérieux profits.

II

La Tunisie occupe l'extrême Nord-Est de la partie montagneuse de l'Afrique septentrionale; elle termine à l'Est la longue bande du continent africain qui, du cap Spartel au cap Bon, forme la côte méridionale du bassin de la Méditerranée.

Située dans la zone subtropicale et tempérée de l'hémisphère boréal, entre les 5° et 10° de longitude orientale et les 32° et 38° de latitude septentrionale, la Régence tunisienne est baignée au Nord et à l'Est par la Méditerranée; du côté de l'Ouest, une ligne conventionnelle la

La guerre italo-turque a, par une conséquence inattendue, provoqué dans l'Afrique septentrionale un nouveau courant commercial, qui se concentre de plus en plus à Gabès.

Désireuse de consolider le développement remarquable du négoce dans le sud de la Tunisie, la France favorise cette nouvelle orientation du trafic saharien, comme elle appuie tout effort ayant pour objet la mise en valeur complète de l'Atlantide. Elle entretient, du reste, chaque année, avec sa belle et riche colonie, un mouvement d'affaires de plus de 120 millions de francs.

Quant au chiffre des échanges entre la Belgique et la Tunisie, il s'élève à près de 10 millions de francs.

Tunisie. Jeune fille arabe.

Phot. Lehnert et Landrock à Tunis.

sépare de l'Algérie; au Sud-Est, elle touche à la Tripolitaine, tandis qu'au Sud même elle confine d'une manière imprécise aux régions sahariennes.

La frontière occidentale du Beylicat borne l'Algérie, s'infléchit dans les sables désertiques, débute, géographiquement parlant, au 34° de latitude Nord, non loin de la pointe Ouest du chott El Rharsa, traverse, en obliquant légèrement vers l'Orient, les grandes chaînes de montagnes de Tébessa et de Kroumirie et prend contact avec les rivages méditerranéens aux approches du 37° de latitude, entre le port algérien de La Calle et l'île tunisienne de Tabarca. La côte Nord atteint son extrême portée boréale au ras Angela à 37° 30'.

En somme, la Tunisie forme le prolongement, vers le Levant, de l'Algérie et du Maroc; sous bien des rapports, du reste, ces trois pays offrent une ressemblance marquée.

Du côté oriental, les confins de la Tunisie touchant les régions tripo- litaines et cyrénaïques ne sont pas nettement établis; cependant, la limite peut se concevoir par une ligne partant du ras Adjir, sur la Méditerranée, et longeant l'oued Mogta pour aboutir au Sud-Ouest de la ville tripolitaine d'Ouezzen.

Par sa position géographique entre l'Algérie et la Tripolitaine, à mi-chemin maritime entre le détroit de Gibraltar, placé sous la prépondérance anglaise, et le canal de Suez, créé par le génie français, la Tunisie commande les routes prin- cipales du grand bassin méditerranéen et présente avantageusement à l'Europe, à l'Asie et à l'Afrique, ses nombreux et vastes débouchés. Sa situation au carrefour des voies commerciales latines est le sûr garant de son brillant avenir.

* * *

Le territoire tunisien se déroule sur une super- ficie de près de 140,000 kilomètres carrés. Cette étendue représente le quart environ de l'aire de la France et près de cinq fois les dimensions de la Belgique.

Plus des sept dixièmes de ces 14 millions d'hectares sont susceptibles d'exploitation agri-

cole. Les chiffres officiels renseignent, en effet, qu'il existe :

2,600,000 hectares de terres labourables ;
  810,000 " couverts de boisements forestiers ;
  220,000 " complantés d'oliviers ;
   34,000 " peuplés de figuiers de Barbarie ;
   19,000 " de palmeraies ;
   16,000 " de vignobles ;
5,180,000 " de terres de parcours, utilisées pour l'élevage ;
1,500,000 " de peuplements d'alfa.

Il y a lieu d'ajouter à cette statistique :

1,800,000 hectares de dunes littorales et
1,100,000 " de lacs, sebkhas et rivières.

Cliché Pierre de Witasse.

La Goulette.
Ville maritime située à 15 kilomètres de Tunis, La Goulette possède une belle plage de sable fin.

Enfin, les centres habités, les voies de commu- nication, les exploitations minières, les vestiges évocateurs de la civilisation antique et les plaines de sable occupent l'excédent du territoire.

Les limites naturelles de la Tunisie tendant à déborder du côté méridional, ces chiffres ne sont point d'une exactitude rigoureuse, mais constituent une approximation très probable.

Les zones du Tell et du Sahel, qui se prêtent le mieux à la colonisation française et européenne, couvrent 70,000 kilomètres carrés, soit la moitié du territoire intégral.

La Tunisie, l'Algérie et le Maroc forment un bloc homogène aux frontières larges, espacées, aux ressources prodigieuses, au climat salubre, de près de 1,800,000 kilomètres carrés, équi- valant, en superficie, à plus de trois fois la France et soixante-deux fois la Belgique.

Comme ses congénères ethniques et écono-

9

miques, la Tunisie offre un champ d'action immense et des plus favorable à l'essor agricole et industriel de la mère patrie et de sa laborieuse voisine du Nord.

### III

A l'époque romaine, la Tunisie comptait environ dix millions d'habitants. Durant le cours des derniers siècles, depuis la chute des Byzantins, en 661, jusqu'à l'arrivée des Français, en 1881, elle vit sa population tomber à 800,000 âmes.

De nos jours, le Protectorat français exerce son influence sur près de 2 millions d'habitants.

Les recensements de décembre 1907, pour les indigènes, et de décembre 1911, pour les Européens, assignent à la Régence de Tunis :

46,000 Français ;

148,000 Européens de nationalités diverses ;

1,710,000 indigènes musulmans,

70,000 indigènes israélites.

La population régnicole compte, issus de différentes races, plusieurs rameaux ethnologiques. Sa base est essentiellement formée de Berbères, descendants des Numides et des Libyens, de Kroumirs, de Bédouins, d'Arabes et de Turcs, auxquels sont venus peu à peu se joindre des Kabyles de l'Algérie, des Touaregs du Maroc, des Berbères du Fezzan et de la Tripolitaine. Les aborigènes forment donc de multiples tribus distinctes, que la vie commune depuis des siècles tend à fusionner insensiblement.

D'autre part, l'immigration européenne a conduit en Tunisie un nombre important de représentants des races de souche latine : Français, Italiens, Espagnols, Siciliens et Maltais, ainsi qu'un certain contingent de Grecs. Grâce à de fréquentes infiltrations, il s'est créé dans l'Atlantide, un peuple " néo-français d'Afrique ", vigoureux, actif, doué de sang jeune et d'énergie fraîche. La Tunisie et l'Algérie comptent plus d'un million de représentants de cette race nouvelle, dont l'expansion sur le Maroc paraît infaillible.

* * *

Depuis l'occupation française, la population tunisienne a donc doublé, et au delà. Le pays est principalement redevable de cette progression à l'œuvre du Protectorat. D'accord avec la monarchie beylicale, la France, nation de puissante civilisation européenne, s'est, en effet, donné pour mission de maintenir la paix publique et de rétablir la prospérité de ce peuple musulman, en se bornant à conseiller et à guider le pouvoir indigène, sans prétendre l'amoindrir ou le supplanter.

Le Protectorat français fut établi par le traité de Bardo, à la suite de l'expédition de 1881.

L'administration de la Tunisie, sous le contrôle de la France, est réservée au Bey, qui gouverne la Régence avec le conseil des ministres.

Un résident général est dépositaire des pouvoirs de la République dans la Régence. Son autorité s'étend sur tous les services administratifs, européens ou indigènes, ainsi que sur les commandements des forces de terre et de mer, à la tête desquelles sont placés un général de division et un contre-amiral.

Le résident général exerce les fonctions de ministre des affaires étrangères, et le général commandant le corps d'occupation, celles de ministre de la guerre. Deux ministres indigènes, le grand vizir ou premier ministre et le ministre de la plume, qui est en quelque sorte l'adjoint du grand vizir, assistent le résident. Ils ont, comme auxiliaire principal, le secrétaire général du gouvernement tunisien, fonctionnaire français.

Quant à l'administration proprement dite, elle comporte cinq services principaux, érigés en directions, desservis par un personnel mixte et désignés sous les titres suivants : finances, agriculture, travaux publics, commerce et colonisation, postes et télégraphes. Les directeurs de ces services intérieurs, le général commandant la division d'occupation, le secrétaire général du gouvernement tunisien et les deux ministres indigènes forment le conseil des ministres, qui est présidé par le résident général. A côté de ce conseil fonctionnent, depuis 1896, la conférence consultative, composée de délégués, et depuis 1910, le conseil supérieur du gouvernement, qui arrête notamment le budget élaboré par la conférence.

Les diverses régions du Beylicat sont administrées par des gouverneurs et des caïds du pays, placés sous la surveillance de contrôleurs civils et de commandants militaires français.

Tous les actes gouvernementaux de la Régence appartiennent au Bey. Par le traité de Bardo, la République française garantit aide et assistance à la personne du Bey, à sa dynastie et à ses Etats.

Phot. Lehnert et Landrock à Tunis.

Petite mosquée dans l'oasis : desservie par un musulman pieux, les fidèles viennent y prier tous les jours.

## IV

Le territoire de la Tunisie est formé, au Nord et
à l'Ouest, par une région montagneuse que tra-
versent les oueds Medjerda et Miliane, et leurs
nombreux affluents; à l'Est par le Sahel, la

Tunis. Dans la ville arabe.

Byzacène des Romains, large bande de terre
longeant la côte orientale; au Sud, par les steppes,
contrées tantôt montueuses, tantôt ravinées, au
delà desquelles s'étendent à perte de vue les
sables du Sahara.

La partie montagneuse de la Tunisie présente,
au point de vue topographique, un double caractère.

Au nord du fleuve Medjerda, dans la région
tellienne septentrionale, se déploient de hautes
plaines admirablement cultivées. Il s'y rencontre
aussi des rochers abrupts découpés par une
multitude de torrents impétueux ; ces cimes pier-
reuses viennent accidenter la côte des Kroumirs
et des Mogods et encadrer le lac de Bizerte.

Au sud du fleuve s'étagent, en longue suite, de
vastes plateaux couronnant la chaîne des monts de
Tébessa à Hamman-Lif, la grande épine dorsale
tunisienne qui se morcèle, s'amenuise et s'abaisse,
face à la mer, à mesure qu'elle se
rapproche du cap Bon.

Une région de plaines et de vallées
productives prolonge, jusqu'au littoral
oriental, les massifs de la Tunisie
centrale. C'est la continuation de la
zone tellienne, la contrée du Sahel,
large en moyenne d'une centaine de
kilomètres, qui jouit d'une température
particulièrement douce, et produit,
depuis l'antiquité, une végétation luxuriante et
vigoureuse.

Au-dessous de la chaîne centrale s'étend la
région des steppes et des landes, dont la flore est
celle des contrées sèches. Cette zone est ravinée

dans sa partie occidentale, où les sebkhas frater-
nisent avec les chotts. Les hauteurs de Gafsa et
de Fedjedj forment les bourrelets de cette contrée,
à la limite de laquelle s'allongent les immenses
lacs salés du Djerid, entourés d'une brousse
rabougrie et de quelques peuplements d'alfa.

Dans la partie tout à fait méridionale de la
région des steppes, le glacis du plateau sud-tuni-
sien, abaissé à l'Ouest vers la dépression de l'oued
Merkeb, se redresse, dominant les vallées côtières
de l'isthme de Gabès, pour constituer, par les
monts de Matmata et de Toudjane, une plate-forme
de 700 mètres d'altitude.

A l'extrémité Sud du pays s'aligne, dans une
alternance des plus typique, une enfilade d'oasis
fertiles et de plaines sablonneuses, arides, avoi-
sinant le désert de Sahara, dont la grande route
commence au golfe de Gabès.

La topographie de la Tunisie se caractérise par
une grande variété dans les altitudes du territoire.
Malgré sa dominance montueuse, le pays présente
les divers accidents de surface nécessaires à
l'utilisation avantageuse de tous les facteurs de sa
richesse agricole et minière ; aussi, la culture des
céréales, de la vigne, de l'olivier et du tabac,
l'élevage des races bovine et chevaline, l'industrie
minière, la poterie, l'exploitation des gisements
phosphatiers, constituent de nos jours autant de
branches importantes de l'activité tunisienne.

Avec l'appui de la France qui, depuis trente
ans, n'a cessé de prodiguer ses efforts pour
la mise en valeur de sa belle et riche colonie
africaine, la Tunisie, tout au moins dans le Nord
et dans l'Est, est redevenue, en un quart de
siècle, ce qu'elle était aux plus belles époques
de son histoire.

* * *

Cirque romain d'El-Djem.
Les ruines romaines abondent en Tunisie.

La Tunisie rappelle, par sa forme, un parallé-
logramme ou plutôt un rectangle dont la longueur,
orientée du Nord au Sud, aurait 550 kilomètres

et la largeur, de l'Ouest à l'Est, 250 kilomètres. Les rivages tunisiens se développent sur une longueur d'environ 1,250 kilomètres, entre le cap Roux, sur la frontière d'Algérie, et le ras Adjir, sur la limite tripolitaine.

En raison même de la situation du pays, le littoral, battu par le flux et le reflux, offre la plus grande diversité dans ses aspects et dans sa composition.

* * *

Sur la Méditerranée, la côte septentrionale, formée par un empiétement de la montagne sur la mer, est essentiellement rocheuse, haute et déchirée, à l'exception toutefois du rivage qui sépare l'île Tabarca du cap Nègre, où prédominent les dunes et les mamelons aréneux.

Mais, en général, tout le littoral du Nord, appelé " la Côte de Fer ", se relève, tout en déposant en certains endroits des laisses d'alluvions,

trouvent la plus belle rade et le port le plus sûr de l'Afrique du Nord.

A mesure qu'il s'avance à l'Est, le littoral, sur tout son pourtour strié et découpé, s'abaisse et se creuse en larges baies, bien abritées, favorables au développement du négoce maritime et à la pêche hauturière.

Au ras Sidi Ali el Mekki commence le golfe de Porto Farina, l'ancien golfe d'Utique, que les alluvions de la Medjerda ont transformé en un immense marécage, où foisonnent des poissons de toutes espèces. Légèrement plus bas, apparaît le golfe de Tunis, avec les îles Plane et Zembra, où les Italiens viennent pêcher la mendole. C'est dans son estuaire que se dresse Tunis, la blanche capitale et l'une des plus belles villes de l'Atlantide. Bâtie sur les bords d'un lac salé de 18 kilomètres de périple, elle communique avec la Méditerranée, dont elle est distante de

Cliché Pierre de Witasse.

Olivette dans la région du Bargou.

en falaises hautes et accores, découpées par des criques où s'abritent quelques ports de pêche encore difficilement accessibles.

Ce rivage septentrional présente successivement de l'Ouest à l'Est, d'abord, en face de l'île de Tabarca, un val palustre ouvrant un accès direct au sein de la montagne sylvestre ; puis, le cap Nègre, qui protège l'anse de Boudma, le cap Serrat, qui s'élance à 2,500 mètres dans une mer au fond de corail, le ras Angela, le point le plus septentrional de l'Afrique, et le cap Blanc, endroit à partir duquel la terre tunisienne dessine de vigoureuses emprises sur la Méditerranée.

Ici, la côte, plus hospitalière, enserre dans une inclinaison vers le Sud, du cap Guardia au cap Zebib, le magnifique golfe de Bizerte, où se

plusieurs kilomètres, par le canal de La Goulette. Enfin, le cap Bon, baigné d'une ambiance toute marine, pilier contre les tempêtes dans la lutte entre les vents, les flots et la terre, établit, au-dessus du 37° de latitude et près la 9e ligne longitudinale, le point terminus du littoral du Nord.

* * *

La côte orientale, qui s'étend du cap Bon au ras Adjir, ne possède ni dunes ni falaises; elle est essentiellement basse, plate et marécageuse.

Jusqu'au ras Mahmoura, elle dessine la limite de la presqu'île du cap Bon, si riche en belles forêts d'oliviers et en délicieux jardins fruitiers.

Plus bas, le littoral s'ouvre largement jusqu'à la pointe de Monastir et enserre le précieux golfe

14

Restaurant ambulant.

Phot. Lehnert et Landrock à Tunis.

de Hammamet, qui borde les fertiles sahels de l'Enfida et de Sousse, dont les immenses domaines sont diaprés d'une végétation neuve, splendidement violente.

En face des îles Kuriat se trouve, pittoresquement situé au milieu d'une sorte d'amphithéâtre de terrasses blanches descendant vers la mer bleu d'azur, le beau port de Sousse qui, grâce à l'action bienfaisante du Protectorat pacifique et tutélaire, a retrouvé la grande activité maritime du port romain d'Hadrumète, dont il occupe l'emplacement.

En se dirigeant vers l'Est, le littoral limite la contrée du grand Sahel, renommée pour ses oliviers, et présente tour à tour le petit golfe de Monastir et le port de même nom, le ras Dimas, près des ruines de Thalus où César remporta une éclatante victoire, la ville de Medhia, la poissonneuse, dont les filets retirent sans cesse des flots du rivage, thons, sardines, allaches et anchois, et, enfin, le ras Kapoudia, point d'infléchissement de la côte vers l'Occident.

Plus au Sud encore, en face des îles Gherba et Kerkena, dont les sacolèves et les sandals fouillent les fonds spongifères environnants, Sfax, chef-lieu d'une région peuplée et active, possède un port qui, protégé naturellement contre les vents du large, gagne chaque année en importance commerciale et maritime. Depuis 1897, l'année de son inauguration, de grands paquebots abordent ses quais pour y charger mécaniquement les phosphates amenés de l'intérieur par le chemin de fer de Gafsa.

Au large du golfe de Gabès, qui se dessine au ras Ounga, surgissent les îles embaumées de Knaïs et Djerba, où la pêche très florissante des éponges et des poulpes fait vivre une population laborieuse.

A partir de l'estuaire desséché de l'oued El Leben, le littoral est plat, le mont lointain, la lagune étincelante ; à l'intérieur, la terre tunisienne change d'aspect. La nature, tellienne d'abord, steppeuse ensuite, devient désertique ; l'eau est rare, précieusement conservée dans des citernes ; l'olivier perd en sève et en élégance, le dattier gagne en port et en nombre, le svelte palmier dresse son panache touffu, à l'ombre duquel prospèrent maintes cultures.

Sur le rivage de la petite Syrte s'étend la ville de Gabès, qui exporte les dattes tunisiennes, réputées les meilleures de l'Afrique entière.

Après avoir formé le bassin de Bou Grara, baie vaste et profonde à l'abri des vents du Nord, la côte orientale, toujours basse et bordée de sebkhas salées, se termine, pour la Tunisie, au delà du port de Zarzis, l'antique Gightis, à l'extrémité des alluvions du lac sans vagues de Bahira el Biban, au point dénommé ras Adjir.

* * *

La configuration de la Tunisie présente donc, dans son ensemble, les plus grands contrastes, les caractéristiques les plus variées.

D'autre part, la générosité du sol et la richesse du sous-sol procurent aux excellents et nombreux ports dont s'enorgueillit à juste titre le littoral tunisien, toutes les ressources indispensables à leur activité saine et fructueuse.

Par les multiples avantages qu'il offre sans conteste au trafic international, ce pays singulièrement favorisé convie toutes les nations à prendre part à son commerce extérieur. La Belgique, dont la pléthore de production requiert impérieusement de nouveaux débouchés, pourrait profitablement étendre ses relations avec l'opulente Tunisie.

V

La formation orogénique de l'Afrique du Nord semble remonter à la période tertiaire. Les chaînes de montagnes, engendrées par des convulsions dues au refroidissement progressif de l'écorce terrestre, s'alignent dans une direction commune, presque parallèle à la côte méditerranéenne, du Sud-Ouest au Nord-Est.

L'énorme plissement montagneux, l'Atlas saharien qui, avec l'Atlas tellien, constitue l'ossature de l'Algérie, se continue à travers le territoire tunisien par deux axes montagneux principaux : celui du Nord, qui aboutit au lac de Bizerte, qu'il contourne, et celui du Sud, qui atteint la presqu'île du cap Bon.

Deux grands systèmes orographiques partagent donc la Tunisie : ce sont les massifs septentrional et central, disposés en éventail dans le nord du pays. Indépendamment de ces lignes montagneuses, la Tunisie possède encore le massif du Sud, à faible altitude et qui forme le relief de la région méridionale.

* * *

Le système septentrional, émanant directement de l'Aurès, se compose des monts boisés de

la Kroumirie et des Béjaoua. Dans cette chaîne,
la montagne la plus élevée est le djebel Bir, avec
1,014 mètres d'altitude; elle domine, au centre
kroumirien, la ville d'Aïn-Draham et représente à

Panorama de Kairouan.
Kairouan, ville sainte des Musulmans,
célèbre par ses mosquées.

*Phot. Lehnert et Landrock à Tunis.*

algérienne, atteint 1,592 mètres; le Berberou, qui
commande les passages des plaines de la haute
Medjerda vers les steppes de Kairouan, mesure
1,480 mètres; le djebel Djouggar, dominant la
vallée de l'Enfida, s'élève à
1,170 mètres; le Zaghouan, aux
cimes liassiques, qui dispense,
avec le Djouggar, l'eau potable (1) à Tunis, se dresse à
1,296 mètres; le djebel Resas,
au-dessus de la plaine de
Mornag, n'a que 795 mètres;
enfin, le djebel Hamid, dont les
contre-bas escarpés descendent
sur le littoral du cap Bon, ne
dépasse guère 600 mètres.

Dans le massif central, les
sommets des montagnes du versant Nord sont parfois suffisamment étendus pour former de
véritables plateaux pierreux,
dénommés *hamadas*; les plateaux de Zouarine, Sers et Fahs,
limités au Nord par les monts des Ouargas, du
Kef et de Téboursouk, se trouvent à une altitude
supérieure à 600 mètres ; à leur pied jaillissent
des sources qui se répandent en ondes claires
dans nombre de vergers aromatiques.

La chaîne du centre qui, à peu de distance de
la ville de Testour, se divise et s'abaisse brusquement pour ouvrir le passage aux oueds
Siliane et Medjerda, se relève ensuite pour constituer une série de montagnes plutôt secondaires
et voit expirer sa branche septentrionale aux
environs du ras El Djebel, à proximité de Porto-
Farina, et son versant Sud aboutir à la presqu'île
du cap Bon, au delà de la vallée féconde de
l'oued Miliane.

Au sud de l'Aurès tébessin, le pays s'incline

la fois le point culminant et le nœud hydrographique de la contrée. Le massif de la Kroumirie,
sorte de Kabylie plus basse, est découpé par une
multitude de torrents impétueux qui se jettent,
les uns dans l'oued El Kébir, d'autres dans la
Medjerda, les derniers dans la Méditerranée. Par
l'effet de la promiscuité montueuse, la côte septentrionale s'avance en maints endroits dans les
flots et projette sur la mer d'importants promon-
toires, tels que les caps Roux, Negro, Serrat et
Blanc, tandis qu'au sud des monts Kroumirs
des pentes tortueuses bordent, à gauche, la
vallée de la Medjerda.

A l'est de la Kroumirie et jusque sur les rivages
mêmes de la mer, où elle finit en pittoresques
falaises longées d'une laisse d'alluvions marines,
s'étend la région de moins en moins montueuse
des Mogods, dont les collines, qui ne dépassent
pas 600 mètres, sont revêtues de broussailles
arborescentes, d'herbes vertes aux saines et
fraîches senteurs.

* *

La chaîne centrale, prolongeant l'Atlas algérien, serpente au sud de la Medjerda. Elle constitue, avec les monts tabulaires de Tébessa et de
Kessera, au socle dévonien et silurien, la véritable dorsale tunisienne. Dans cette série de montagnes, le djebel Chambi, près de la frontière

---

(1) Le gouvernement a dépensé plus de 30 millions de
francs pour des travaux hydrauliques.

Avant le Protectorat, la distribution publique d'eau
potable n'existait qu'à l'état embryonnaire, malgré les
dotations considérables instituées par la piété des fidèles
en faveur de ce service, en ce temps détenu par l'administration des habous.

Actuellement, le débit assuré des réservoirs et canaux
est d'environ 100,000 mètres cubes par jour.

Les sources de Djouggar et de Zaghouan ont un débit
d'étiage d'environ 15,000 mètres cubes. Au point de vue
de la canalisation de l'eau potable, Tunis est donc une
des villes africaines les mieux dotées.

*Phot. Lehnert et Landrock à Tunis.*

Carthage. — Vaste presqu'île au Nord-Est de Tunis. Ruines sur l'emplacement même de l'ancienne ville.

par degrés jusqu'à la grande dépression des chotts, sans toutefois perdre de son caractère montueux. Le djebel Serraguia qui, à l'Est de Gafsa, livre passage à l'oued Ayech, se dresse à 1,290 mètres; l'Orbata atteint 1,170 mètres; l'Oum el Aleg, 1,120 mètres et le Berda, près des monts Gherb, 1,050 mètres.

D'immenses forêts de pins d'Alep ombragent ces régions élevées; l'alfa, avide de sécheresse, et le romarin, qui disparaît peu à peu vers le Sud, en tapissent les sous-bois.

Un dernier plissement, pour ainsi dire parallèle à cette chaîne subsidiaire, forme, avec le djebel Gherb de 590 mètres et le Tébaga de 490 mètres, les rebords entre lesquels s'étend le chott El Fedjedj.

Enfin, à l'extrémité Sud de la Tunisie, les monts des Tatmata et des Troglodytes, percés d'habitations humaines, n'excèdent pas l'altitude de 750 mètres et constituent le massif méridional du pays.

* * *

Le système montagneux tunisien montre ainsi, dans son ensemble, un aspect général plutôt confus; les régions accidentées et montueuses ne sont guère nettement délimitées et les chaînes, coupées en de nombreux points par des cours d'eau impétueux, se désagrègent et s'unissent sans qu'aucun alignement ni aucune symétrie bien marquée ne préside à leur orientation.

Les montagnes de la Tunisie sont moins élevées que celles de l'Algérie; dans la plupart des régions elles sont couvertes de forêts touffues, tels les monts de la Kroumirie, dont les pentes, escarpées par endroits, sont abondamment boisées de chênes-lièges et de chênes zéens. De plus, les vallées qui séparent les massifs sont spacieuses et généralement très fertiles.

VI

roulent mollement dans les parties plates du pays leurs ondes paisibles, pareilles en quelque sorte à des eaux dormantes, ou qu'ils précipitent avec furie leurs vagues écumeuses à travers le relief bossué, déchiré, limé, sauvage des montagnes, presque tous, à l'exception de ceux du Nord, tarissent plus ou moins complètement pendant la période des grandes chaleurs, pour ne retrouver leur niveau normal qu'à la saison des pluies.

Ces cours d'eau, à l'allure fantaisiste et indocile, sont dénommés " oueds ". Passant d'une pénurie de liquide extrême à une abondance parfois inquiétante, tantôt mince filet cristallin d'une eau limpide, tantôt coulée furieuse de flots limoneux et grisâtres, l'oued réclame, pour être discipliné et approprié à la navigation et à l'irrigation, des aménagements hydrauliques et des travaux d'art importants et dispendieux.

Le système hydrographique de la Tunisie se partage entre trois bassins. Les versants Nord et Est, qui comprennent respectivement le bassin de la Medjerda et celui du Zéroud, envoient leurs eaux à la Méditerranée; le versant Sud-Ouest, qui alimente les chotts sahariens, constitue le bassin des chotts et des sebkhas.

* * *

Au Nord, sur la côte tour à tour escarpée, aréneuse et montueuse, ne s'exondent guère de

Groupe d'Arabes travaillant dans une exploitation belge en Tunisie.

Parmi les nombreux cours d'eau qui serpentent à travers le territoire de la Tunisie, la plupart ne méritent réellement ce nom que pendant quelques mois de l'année, à tel point sont grandes l'irrégularité et la variabilité de leur débit. Qu'ils

grands fleuves; les oueds, sans cependant se laisser absorber entièrement par la chaleur estivale, n'y atteignent une certaine profondeur que pendant la période pluvieuse.

L'Atlas tellien donne naissance à plusieurs

cours d'eau sillonnant des vallées plutôt étroites, mais particulièrement fertiles.

Parmi les principaux oueds qui se jettent dans la Méditerranée entre La Calle et le cap Blanc, se trouvent l'oued Méridj, l'oued El Kébir et l'oued Zouarha.

L'oued Méridj dévale du djebel Ghorra et pénètre en Algérie, sous le nom de Mafrag, pour s'emboucher dans le golfe de Bône.

L'oued El Kébir prend sa source aux environs d'Aïn-Draham et se déverse dans la Méditerranée en face du Tabarca, après avoir agrémenté son cours de tortueux méandres et de chutes pittoresques, surtout dans les montagnes boisées du littoral.

Enfin, l'oued Zouarha contourne à l'Est les forêts de chênes-lièges, de chênes zéens, de frênes et d'ormes de la Kroumirie, et va se perdre dans les sables riverains, près du cap Nègre.

Grâce aux issues béantes qui, du côté Nord-Est, s'ouvrent entre les sommets et les plateaux, les fleuves plus importants qui aboutissent à la côte entre le cap Blanc et le cap Bon ont pu se creuser un lit, se développer librement et apporter à l'agriculture, à l'industrie et au commerce du pays, l'inestimable appoint de la navigabilité sur une plus ou moins grande partie de leur cours.

A peu de distance de sa sortie du djebel El Harech, l'oued Sedjenan forme une espèce de lac, le garaat Sedjenan, qui serpente, s'élargissant sans cesse, à travers le pays des Mogods à la fois pastoral, agricole, forestier et minéral, pour former finalement le garaat Achkel, une vaste nappe d'eau qui se confond avec l'oued Tine en amont de Mateur. Le garaat Achkel met en communication, par un canal, l'oued Tindja et le lac de Bizerte, un golfe de 130 kilomètres que de récents aménagements ont rendu accessible aux navires du plus fort tonnage et qui baigne le Toulon africain, le port de guerre de Bizerte.

L'oued Medjerda, la Makarath des Carthaginois, la Bagrada des Romains, le seul fleuve de l'Atlantide orientale vraiment digne de ce nom, possède une aire totale de 2,254,000 hectares. Il côtoie et abreuve, à travers la Tunisie entière, des contrées diversement riches et réputées dans le monde entier pour la salubrité de leurs climats, la fécondité de leurs terroirs, la qualité de leurs vignes et la vigueur de leurs chênes-lièges.

La Medjerda naît en Algérie, aux environs de Souk-Ahras, mais c'est plutôt à l'oued Mellègue, son affluent de droite, descendu de l'Aurès, qu'il faudrait attribuer l'aïn principal. L'oued Medjerda pénètre en Tunisie, en amont de Ghardimaou, et prête sa vallée au chemin de fer qui relie la ville de Tunis à l'Algérie. Au-dessous de Chemton, il fore une brèche au travers des hauteurs de Téboursouk et coupe le Dakhlat, plaine peuplée et fertile de 20 à 25 kilomètres de large sur 50 à 60 kilomètres de long. Une tradition rapporte que, jadis, cette contrée formait l'emplacement d'un grand lac s'étendant de Ghardimaou à Téboursouk, et qui aurait été comblé par les alluvions terminales de la Medjerda. Souk el Arba et Souk el Khemis sont les deux centres principaux de cette belle région, dont les champs dorés pourraient approvisionner plus d'une capitale.

A son confluent avec la Zerga, la Medjerda se rejette brusquement vers le Sud; mais, après avoir absorbé l'oued Khalled et aussi la Siliane, enfantée par les hamadas, elle reprend, en amont de Testour, dont elle frôle les cultures maraîchères, sa direction primitive du Sud-Ouest au Nord-Est; plus avant, elle gagne davantage le Nord et débouche dans une énorme conque marécageuse, vaste delta alluvial à terres riches en humus et en limons noirâtres. C'est la plaine de Téhourba, arrosée par le "Barrage de Tébourba", intelligemment établi, en 1622, par des ingénieurs hollandais. A Djedeïda, à 52 kilomètres de la mer, la Medjerda pénètre dans ses propres alluvions; elle a son embouchure normale en pleine mer, mais ses bras septentrionaux vont se perdre dans la lagune de Porto-Farina, après un cours de 365 kilomètres, dont 265 en Tunisie.

Les affluents de gauche de la Medjerda sont de faible importance; d'ailleurs, en dehors des périodes pluvieuses, ils sont le plus souvent à sec. Il convient cependant de citer l'oued Béjà, dont la vallée est commandée par la ville de Béjà, grand centre de culture intensive.

Quant aux affluents de droite, ils sont plus considérables et mieux développés.

L'oued Mellègue a 200 kilomètres de longueur, dont plus de 100 en Tunisie; sa vallée sinueuse est parsemée de ruines romaines, vestiges d'une brillante civilisation.

La Mellègue laisse à droite les monts du Kef et se jette dans la Medjerda, à 8 kilomètres en aval de Souk el Arba. L'oued Sarrat, son principal affluent de droite, qui ne tarit jamais, contourne, au septentrion des monts Tébessiens,

La grande prière au désert.

Phot. Lehnert et Landrock à Tunis.

de belles forêts de chênes, de pins, de thuyas, de cèdres, de sumacs et de térébinthes.

Bien que de moindre allure, les autres affluents de la Medjerda, l'oued Tessa et la Siliane, ont un débit assez régulier et par endroits utilisable.

L'oued Miliane, la Catada des anciens, dont la source la plus reculée jaillit d'une gorge du mont Bargou, appartient également au versant du Nord; fleuve permanent qui draine 244,000 hectares, la Miliane est une Medjerda en réduction qui s'engouffre, à Mascula-Radès, dans le fond du golfe de Tunis, après avoir arrosé et fertilisé toutes les terres avoisinantes.

* * *

Le versant oriental du régime hydrographique tunisien, qui comporte le bassin de l'oued Zéroud, n'a guère l'importance du versant septentrional, qui possède le bassin de la Medjerda.

Une bonne partie des eaux que reçoit la Tunisie n'atteignent pas la mer et sont absorbées par les bassins fermés : la transition lente et progressive entre le cours d'eau complet, normal, et l'oued intérieur, sans issue constante sur les côtes, est marquée par le fleuve des steppes, l'oued Zéroud, également dénommé fleuve de Kairouan ou de Bagda. Jaillissant des bastions orientaux de l'Aurès, le Zéroud descend torrentueusement par une vallée plus ou moins obstruée et pierreuse vers la dépression côtière du lac Kelbia qui, sans jamais se vider, s'élargit ou se rétrécit suivant le degré de pluviosité de la saison. Il arrive, mais rarement, que, par les fortes crues d'hiver qui roulent un volume considérable d'eau boueuse, une communication temporaire à travers les forêts de pins et les bois d'oliviers des henchirs de l'Enfida, s'établisse entre le lac Kelbia et la mer, au point appelé Grau des Ponts. Le fallacieux oued ainsi formé porte le nom de Menfès et se déverse, en traversant la lagune Halk el Menzel, dans la sebkha Djeriba du golfe de Hammamet.

L'oued Zéroud reçoit, par une foule de ravins, un grand nombre d'affluents et de sous-affluents, parmi lesquels les plus importants sont, à droite, l'oued El Alem et l'oued Merguellil, ce dernier arrosant la terre des mosquées et des minarets de Kairouan, la ville sacro-sainte ; les tributaires de la rive gauche du Zéroud sont l'oued Menasser et, plus en amont, l'oued Fouçanna, qui baigne la ville de Kasserin, riche en eaux de sources.

Le versant oriental comprend encore les bassins côtiers de l'oued El Boul, au nord de Sousse, et de l'oued El Leben, dont le lit, généralement à sec à son embouchure au Sud de Maharès, semble se perdre dans le golfe de Gabès, en face des îles Knaïs.

En dehors de ces cours d'eau, tous temporaires, il en existe d'autres, moins importants, tels que l'oued Gabès, l'oued Ferd, l'oued Fessi, conduisant leurs eaux, soit dans les sebkhas d'El Nouail, de Bou Djemel ou lac du Chamelier, de Moknine, une saline plutôt qu'une onde, de Sidi el Hani ou lac de Kairouan, la plus grande lagune du Beylicat, soit dans des régions basses où, sans déversoirs pendant la saison chaude, ils ne tardent pas à s'évaporer, laissant généralement après eux un dépôt utilisable de sel.

* * *

Les oueds du versant Sud-Ouest, formés par des renfoncements du sol beaucoup plus considérables qui s'abaissent même jusqu'à 31 mètres au-dessous du niveau de la Méditerranée, sont, en général, des fonds marécageux et saumâtres, charriant quelques pouces d'eau pendant la saison des pluies, et se transformant pendant la période chaude en vastes salines incandescentes que les indigènes s'entendent à exploiter d'une façon avantageuse.

En outre, le versant Sud-Ouest possède de nombreuses sebkhas, du reste sans importance réelle, et trois grands chotts, intéressants par les oasis qui les entourent : Gabès, Kébili, Douz, Tozeur, Nefta, véritables huertas fertiles, îlots de fécondité et de verdure, où se concentre l'activité humaine, où s'abrite, autour des stipes élancés des palmiers protecteurs, une poussée vivace de céréales.

Le chott El Djerid est le plus immense ; il s'étend, au Sud, sur près de la moitié de la largeur du pays et communique avec le chott El Fedjedj, qui s'allonge vers Oudref, près du golfe de Gabès. Le chott El Fedjedj est situé entre les monts Gherb et Bahir, et reçoit l'oued El Hamma, au lit spongieux. Enfin, le troisième, le chott El Rharsa, dont le niveau est à 21 mètres au-dessous de la mer, a, comme rivières tributaires, les oueds Tarfaoui et Malah, qui descendent du pays phosphatier de Gafsa, et l'oued Allenda, originaire de la frontière algérienne.

* * *

25

En fait, la capricieuse variété du domaine fluvial constitue la caractéristique spéciale de l'hydrographie tunisienne. Seuls, les cours d'eau aménagés sont réellement profitables à l'agriculture. Les pluies, bien que suffisantes, sont mal réparties et ne se produisent pas toujours en temps opportun. Les fleuves et les rivières reçoivent de nombreux tributaires, mais ne peuvent en conserver les eaux. D'autre part, les fortes pluies de l'hiver transforment les oueds en torrents dont les masses liquides, roulant avec une impétuosité sans pareille, ne peuvent être ni captées ni évacuées sur les terres riveraines. Des milliers de mètres cubes d'eau passent ainsi sur ces terres sans les imprégner suffisamment, ni laisser les réserves précieuses auxquelles l'indigène serait heureux de recourir pendant la saison sèche.

L'établissement d'une canalisation, disciplinant la circulation des eaux et permettant à l'agriculture et à l'industrie tunisiennes de tirer tout le parti possible du régime fluvial du pays, nécessitera des travaux coûteux, dont l'entretien restera régulièrement dispendieux. Et cependant, la colonisation française n'a pas hésité un moment à entreprendre cette tâche colossale qu'elle considère comme souveraine, essentielle, impérieuse et primordiale ; d'accord avec le pouvoir beylical, la Régence poursuit sans relâche, depuis une vingtaine d'années, l'amélioration du sol par une irrigation intelligente et appropriée.

Aussi, lorsque, dans le pays entier, des barrages, des endiguements, des dérivations et d'autres travaux d'art permettront de capter, de retenir ou de détourner les eaux hivernales et celles des gorges, des ravins et des oueds, l'hydrographie de l'Atlantide orientale, remaniée et modernisée selon les besoins du pays, apportera un précieux appoint à l'essor agricultural de cette fertile contrée.

## VII

C'est aux notables différences d'altitude des diverses régions tunisiennes, qu'il faut attribuer en majeure partie les variations particulièrement accentuées auxquelles la température, les vents, les pluies, en somme, tous les phénomènes climatologiques et météorologiques, sont soumis dans ces parages.

La Tunisie jouit, toutefois, d'un climat plus uniforme et plus tempéré que celui de l'Algérie, grâce aux exhalations rafraîchissantes de la mer qui baigne le pays au septentrion et au levant, grâce aussi, sans doute, à l'orientation vers les plages méditerranéennes des plateaux et des vallées du centre.

Au point de vue climatérique, le territoire de la Tunisie peut se diviser en quatre zones : la bande littorale, les hauts plateaux de l'intérieur, les steppes, les oasis du Sud.

Les températures de ces quatre régions se graduent et se succèdent normalement du sud au nord de l'Atlantide, en même temps que, sous le rapport agricole, les productions des zones diffèrent essentiellement.

*  *

Le littoral bénéficie d'un climat réellement privilégié. Le voisinage du " bahar ", la mer toute bleue, gratifie la côte d'une température exceptionnellement douce qui la fait rechercher, à juste titre, comme villégiature hivernale. Elle présente, en effet, une grande similitude thermométrique avec les côtes de la Provence, de l'Italie et de la Sicile.

Dans ces régions des Sahels, l'alternat des saisons se produit régulièrement. Les chaleurs estivales s'annoncent au commencement de juin, pour s'affirmer les jours suivants et croître en intensité jusqu'à la fin du mois d'août. Aux époques les plus chaudes, la moyenne des maxima s'élève, à Tunis, à 35° centigrades, mais cette température y est fort supportable, car elle est rafraîchie par les brises marines du Nord-Est et du Nord qui tempèrent les ardeurs solaires.

L'automne commence à l'époque des pluies légères, c'est-à-dire à fin d'octobre, et dure jusqu'en janvier. Puis vient l'hiver, avec ses vents assainissants de l'Ouest et du Nord-Ouest, qui sont une continuation du mistral, mais qui n'abaissent que fort rarement la température au point de rappeler nos hivers européens. Les quelques heures de neige de février 1891 et de janvier 1895 constituent de mémorables exceptions dans ce pays, où la proverbiale douceur des hivers, s'alliant à la remarquable salubrité atmosphérique, attire annuellement dans les différentes villes du littoral une population cosmopolite d'hiverneurs fort nombreuse. Le printemps y règne pendant près de trois mois, des premiers jours de mars à

Type de fellah.

fin mai, avec une température moyenne de 16° et quelques rares apparitions de pluie. C'est l'époque de la belle verdure, de la renaissance des plantes et des fleurs.

Le service météorologique de la Régence donne les indications suivantes, quant au climat de la bande côtière : pour la zone du littoral du Nord, la moyenne des minima de l'hiver est de 3° et la moyenne des maxima de l'été, de 34°; pour la zone du littoral du Nord-Est, la première est de 6° et la seconde, de 32°. Sur les grandes hauteurs, la température se refroidit : à Aïn-Draham, qui se trouve à 805 mètres d'altitude, la moyenne des maxima pendant les mois de juillet et d'août est de 29° 5 et celle des minima pendant les mois de janvier et février, respectivement de 1° et de 2° 6.

Ces données intéressantes démontrent que le littoral tunisien possède un climat sain et bienfaisant; c'est, du reste, un fait notoire qu'il est spécialement favorable aux poitrinaires, aux convalescents et aux valétudinaires, ce qui justifie pleinement la grande renommée de Nabeul et des autres centres de villégiature de cette région.

* *

La Tunisie centrale, celle des plateaux et des hautes plaines, appartient à la catégorie des zones à climat variable. Il y règne une température changeante, avec des chaleurs et des froids rapprochés dont les extrêmes s'accentuent à mesure que l'altitude s'élève. Mais l'air circule d'ample façon dans les montagnes, tandis que les brises marines pénètrent librement par les vastes échancrures que forment les larges vallées; aussi, la salubrité du centre tunisien est-elle supérieure à celle des parties montueuses algériennes de l'Aurès et de la Kabylie. Dans les hamadas et les hautes plaines, les températures enregistrées

sont de 5° pour la moyenne des minima de l'hiver et de 32° pour la moyenne des maxima de l'été.

Cette région subit des températures inférieures à 0° en hiver, et même au printemps. Si la neige est extrêmement rare dans les parties septentrionale, orientale et méridionale de la Tunisie, son apparition est normale dans le centre, sur les montagnes, sur les plateaux intérieurs et principalement sur les hauteurs du Kef. Ici, la couche neigeuse qui couvre le revers extérieur de l'Atlas atteint parfois une épaisseur de près de 1 mètre.

La fonte des neiges se produit aux approches du printemps. Les eaux en s'écoulant imprègnent et attendrissent le sol des vallées et des plaines; elles préparent ainsi, pour les cultures estivales, un terroir de première qualité.

* *

La troisième division climatique comprend les territoires du centre et du sud du pays qui, par la dépression lente et pour ainsi dire graduée des montagnes vers les chotts, présente des plateaux peu élevés et des landes en maints endroits désolées et monotones.

Dans cette zone des bas plateaux et des steppes, les moyennes varient respectivement de 10 à 12° et de 35 à 38°. Souvent la température s'élève jusqu'à 40° et s'abaisse au-dessous de zéro. En été, la chaleur est donc assez forte le jour, mais la nuit elle se tempère d'une façon sensible. L'hiver est parfois rigoureux.

La flore de ces régions est celle des contrées sèches. C'est que malgré la fertilité relative du sol, l'insolation, le refroidissement nocturne et surtout l'irrégularité des pluies empêchent ou compromettent souvent la bonne venue des végétaux sensibles. Il est à remarquer que cette


Intérieur et femmes arabes.

partie de la Tunisie offre la compensation de ses gisements miniers.

* * *

Enfin, dans la dernière zone, celle du Sahara, dont l'immense nappe de sable est parée d'oasis et d'arecs, l'écart entre les températures extrêmes augmente sensiblement à mesure que le pays s'éloigne de la mer.

Suivant la distance du désert à la Méditerranée, les moyennes des minima de l'hiver oscillent entre 2 et 5°, et celles des maxima de l'été entre 32 et 38". Les températures exceptionnelles atteignent 39° à Gafsa, 46° à Djerba, 48° à Douz et 49° à Gabès, à Tozeur et à Tatahouine.

Il résulte de ces constatations officielles que la température tunisienne varie essentiellement suivant les régions et les altitudes; en général, sur

saison de l'année n'est complètement dépourvue d'humidité, car la quantité de vapeur d'eau que contient l'air suffit presque partout, exception faite pour le Sahara et les steppes, à fournir de fréquentes et copieuses rosées. C'est ainsi, par exemple, que Tunis et Bizerte comptent en moyenne 90 jours de pluie par an; le littoral oriental, 65; les hauts plateaux, 99; les coteaux, 61. Le Sud, où les nuages sont rares et légers, n'en compte que 30. Toutes les régions où les pluies sont espacées et peu denses possèdent, témoignage irrécusable de la sérénité du ciel, d'immenses étendues d'alfa, une plante utilisée dans la fabrication de nombreux produits.

Les pluies donnent une hauteur moyenne annuelle d'eau : dans les Mogods, de 700 à 800 millimètres ; dans la vallée de la Medjerda, de 500 à 600 millimètres; dans le massif central,

Sidi Bou Saïd. Village bâti sur l'emplacement de Megara, faubourg de Carthage.

tout le territoire, l'été, bien que chaud et sec, sauf dans les contrées désertiques, est supportable et salubre. L'hiver est pluvieux et tempéré, avec quelque neige dans les zones élevées ; les nuits sont généralement froides dans les steppes. Au printemps et en automne, l'atmosphère est plutôt tiède et limpide, d'une fraîcheur mitigée agréable.

* * *

Le régime de la température se modifie sous l'influence des pluies et des vents.

Favorisée sous le rapport pluvial, la Tunisie est, avec le Maroc et l'Algérie, la plus arrosée de toutes les contrées de l'Afrique; toutefois, la répartition de l'eau y est irrégulière et disproportionnée.

Dans certaines zones, comme le Tell, la période pluvieuse commence en décembre-janvier pour finir en mars-avril. Cependant, aucune

de 400 à 500 millimètres; dans le Sahel, de 300 à 400 millimètres et dans la région des chotts et celle des oasis, de 200 à 300 millimètres.

Des travaux appropriés, et notamment la construction d'un nombre suffisant de vastes réservoirs, pourront retenir les eaux de pluie et de source et les distribuer judicieusement ; l'irrigation rationnelle ainsi obtenue transformera peu à peu en terrains abreuvés et labourables le sol aujourd'hui sec, durci, fendillé, de maintes régions de la Régence.

* * *

Les vents, généralement forts, qui soufflent sur le territoire tunisien atténuent la chaleur solaire et contribuent à la salubrité du pays.

Ces courants aériens évoluent du Nord à l'Est, ou donnent du côté de la mer, du Nord-Est au Nord-Ouest. C'est autour du cap Bon, le ras

Phot. Lehnert et Landrock à Tunis.

Un coin pittoresque de Nefta, ville arabe de 10,000 habitants, située dans le Sud de la Tunisie.

Addar des Arabes, que le conflit des vents du large est le plus redoutable ; c'est aussi, du reste, au même cap que les divers courants maritimes opposés s'entre-heurtent avec le plus de violence.

Groupe d'indigènes, à Nefta.

Du côté du Nord, l'air froid des Apennins est amené par les vents d'Italie qui provoquent parfois, le long du littoral, des baisses de température aussi brusques que sensibles.

Par contre, le sirocco du Sud, précurseur de sécheresse, corrode et flétrit tout sur son passage. Vent du désert extrêmement sec et très chaud, le sirocco ou chechli embrase l'atmosphère et dépose partout ses poussières brûlantes ; rarement, son souffle dévastateur se fait sentir sur le septentrion tunisien, mais il sévit jusque dans les hamadas et les causses du massif central. Aussi, seule, la resylvestration des versants opposés à la direction de ce déplacement d'air saharien pourra-t-elle détruire les effets, souvent des plus funestes pour les moissons, le bétail et les vignes, du chechli désertique et l'empêcher de tarir les sources et de consumer les plantes et les arbres en pousse.

L'alternance rapprochée des vents secs et des brises humides provoque, de temps en temps, de subites variations de température et détermine une très grande amplitude atmosphérique diurne : à Gafsa, notamment, la plus belle oasis du Sahara tunisien, nid immense de vivifiante verdure dans la stérilité naissante, la température peut monter, le jour où souffle le sirocco, de 16 à 38°.

En dehors du chechli, qui n'atteint généralement que le sud et l'extrême centre du pays, le régime des vents auquel la Tunisie est soumise lui est favorable et salutaire.

***

De façon générale, toute la gamme des températures se manifeste entre Tunis et Gabès ; le climat de la Tunisie est donc inégal, mais dans la majeure partie il ne le cède, en salubrité, à celui d'aucune autre contrée du continent africain.

Ces données climatologiques ont leur importance. Elles établissent que la température tunisienne, sans être pareille à celle des régions tempérées, est néanmoins accueillante dans les principales contrées du pays et que, à ce point de vue comme à bien d'autres, elle constitue pour la colonisation un adjuvant favorable.

En outre, la connaissance des conditions du climat, la science de la prévision des changements, des perturbations de l'atmosphère et celle du diagnostic de l'intensité des pluies et de la direction des vents seront, pour le colonisateur, un guide précieux dans le choix de ses plantations et du mode d'exécution de ses travaux de culture.

La richesse des moissons récompensera largement de ses peines le laboureur intelligent qui, en observateur avisé, aura tenu compte de l'ambiance climatique, car, sous le rapport de la productivité du sol, la Tunisie est privilégiée sur une grande partie de son étendue. Ses terres généreuses réunissent les qualités naturelles requises pour assurer, par l'abondance des récoltes, le succès des entreprises agricoles sagement conduites et, en conséquence, la stabilité et l'accroissement du bien-être de la population.

## VIII

Considérée à vol d'oiseau, la Tunisie présente quatre régions principales : le Tell, le Sahel, les Hamadas et le Sahara.

A l'exception de la contrée désertique, les limites de ces zones, distinctes par leurs productions, ne sont ni précises ni immuables.

L'orientation des chaînes montagneuses détermine, sur une largeur considérable, de vastes empiétements réciproques d'une région sur telle autre, contiguë. Du reste, au fur et à mesure que les progrès de l'agriculture rationnelle et l'amélioration du régime fluvial sollicitent ou permettent une utilisation plus féconde des éléments de la nature et conquièrent de nouveaux terrains colonisables, la zone tellienne s'élargit vers le Sud, offrant, par une emprise avantageuse sur des terroirs moins exploités, de nouveaux champs à l'activité des populations étrangères et indigènes.

***

33

Des quatre régions qui se partagent l'Atlantide orientale, le Tell est, par son climat favorable, par son sol fécond et ses réserves minières, la contrée qui convient le mieux à la colonisation blanche. Sillonnée de fleuves torrentueux et de rivières paisibles, ouverte aux brises pluviogènes, cette zone mamelonnée et montueuse, qui s'étend des bords de la Méditerranée jusqu'au massif central, produit une végétation harmonieuse, splendide, puissante.

En maints endroits, la terre se pare à perte de vue de champs dorés de céréales, de vergers aromatiques, de superbes orangeries, d'immenses vignobles, d'innombrables enclos d'excellentes primeurs maraîchères. Les montagnes sont boisées de chênes-lièges, de chênes zéens, de pins maritimes, de thuyas odorants.

En somme, le Tell tunisien, contrée des monts, des eaux et des bois, jouissant d'une température douce et fortifiante, est le pays des blés, des vignes, des orangers et des pâturages. Il constitue encore, à l'heure actuelle, le véritable grenier de l'Atlantide, dont la prodigieuse richesse était déjà réputée dans l'antiquité la plus reculée.

La région tellienne proprement dite occupe un tiers du territoire de la Tunisie.

****

Au point de vue de la productivité, la zone du Sahel (1), moins étendue, peut rivaliser avec le Tell, grâce à l'influence des vents doux méditerranéens.

Situé entre les steppes et la Méditerranée, le Sahel est formé de terres plates, fertiles, parsemées de sebkhas étincelantes, et qui s'étendent du lac Kelbia à la ville de Sfax. C'est la Byzacène antique dont une exploitation séculaire n'a pu, depuis l'époque phénicienne, tarir la fécondité, bien que son sol soit moins arrosé que celui du Tell.

Si le Sahel doit sa principale richesse et sa réputation universelle aux oliviers sans pareils qui, en bois touffus, s'y développent magnifi-

quement sous un ciel clément, les principaux centres du Sahel septentrional : Sousse, Kairouan, Monastir, Mehdia, sont cependant entourés d'une ceinture de vastes henchirs où se cultivent les céréales et où paissent de nombreux troupeaux de moutons.

Dans le Sud, la contrée de Sfax, ce pays des oliviers, est aussi le grand centre de culture de l'amandier, du figuier, du pistachier, dont les fruits constituent, par la vente sur place et l'exportation, une source importante de revenus réguliers, appoint sérieux aux multiples richesses que procurent aux Sfakiotes la fabrication et le trafic de l'huile d'olive.

C'est en majeure partie au régime du Protectorat que cette région est redevable de sa prospérité renaissante, car la France, en rouvrant à la Tunisie le marché du monde, a procuré à l'agriculture en pleine poussée le moyen d'écouler au loin sa production sans cesse croissante.

****

Quant à la zone des hamadas, des plateaux arides et des steppes, elle commence à la frontière algérienne, près des monts de Tébessa, longe le massif central et se déroule dans le centre du pays avec une dépression graduée, jusqu'à la rencontre, à l'Est, du Sahel et, au Sud, des chotts. Transition entre le Tell et le Sahara, elle se compose, ici, d'une succession de plateaux fauves

Kairouan. La grande mosquée.

ou gris, parfois nus et stériles, parfois couverts d'une arborescence très aromatique, là, de plaines sablonneuses où poussent, en touffes épaisses, l'alfa et d'autres herbes d'un vert intense auxquels la rosée nocturne suffit comme reconstituant après la chaleur torride du jour.

Un quart, peut-être, de la région des hamadas et des landes est inculte; mais si le sol se montre par endroits ingrat, à cause de la pénurie de

---

(1) Le Sahel se trouve dans l'est de la Régence et constitue, en réalité, un gonflement, une continuation épaissie de la bande côtière. Cependant, le terme arabe *sahel* ayant la même signification que le mot français « littoral », on désigne parfois sous l'appellation de sahel la zone de la côte qui, composée surtout de terres d'alluvions, contourne sur une largeur de plusieurs kilomètres la Tunisie entière, de Gabès à Taberca.

Un Arabe en prière.

*Phot. Lehnert et Landrock à Tunis.*

pluie et du desséchement des oueds, le sous-sol,
par contre, est d'une richesse prodigieuse en fer,
en zinc, en plomb et, principalement, en phosphates.

Lorsque les routes en construction seront ache-
vées, le système des voies de communication permettra la mise en valeur
plus complète et plus rapide des terrains
miniers. Ces régions de la Tunisie centrale, que les Romains avaient déjà
colonisées comme en témoignent les
nombreux vestiges de leur occupation,
pourront être livrées non seulement à
une exploitation extractive plus intense,
mais encore, sous la condition essentielle
qu'elles bénéficient d'une intelligente
irrigation, à une activité agricole plus ou
moins considérable et rémunératrice.

* * *

La dernière zone, le Sahara, pays des
dunes, des oasis et des palmiers, se
caractérise, malgré ses mamelons et ses
vallées, par la fatigante monotonie de
ses nappes immenses de sable aveuglant.
La prédominance de l'alizé du Nord-Est
venant d'Asie et du sirocco brûlant du
Sud y rend les pluies très rares et fort
irrégulières.

Mais partout où des sources naturelles ou des
forages artésiens procurent et distribuent l'eau en
ondes bienfaisantes, surgissent, de l'immense
désert, des oasis fertiles d'une étonnante productivité. Partout aussi où le panache verdoyant des
palmiers garantit la terre contre les rayons cui-
sants du soleil, poussent les plantes alimentaires
et les arbres fruitiers; la vigne même vient avec
succès sous l'ombre tutélaire de ces arecs géants.
Mais les types principaux de la flore saharienne
sont le dattier, dont le fruit forme l'élément essen-
tiel de l'alimentation des indigènes, et l'aristida,
qui constitue la nourriture la plus substantielle du
dromadaire.

Bien que la région des oasis ne soit guère
colonisable par les Européens, sa production
s'est fortement accrue au cours des dernières
années. Si l'existence des Bédouins agriculteurs
s'améliore, c'est grâce surtout à la sécurité que
l'action française a su faire naître dans leur contrée, comme partout, d'ailleurs, où elle a eu
l'occasion de s'exercer librement.

Ainsi donc, la Tunisie, avec son climat favorable, sa terre féconde, son sous-sol des plus
riche, se prête favorablement aux entreprises
agricoles et industrielles : celles-ci, sagement
conçues et bien organisées, peuvent s'y établir

Dans l'oasis. Le palmier domine.

et s'y développer sous les meilleurs auspices.
Déjà les Belges participent à l'exploitation de
plusieurs des ressources du pays. Si, dans l'occur-
rence, leur activité se manifeste loin de la patrie,
elle n'en demeure pas moins fructueuse et
lucrative.

Aussi faut-il espérer que les exemples d'initia-
tive et de vaillance, donnés par ces hardis précur-
seurs, feront naître une saine émulation. Il est, en
effet, désirable que les rapports commerciaux
entre la Tunisie et la Belgique deviennent plus
amples, plus pondérés, dans l'intérêt réciproque
des deux pays.

IX

Si la connaissance des détails géographiques
sur la Tunisie peut offrir à l'exportateur comme
au colonisateur de précieux enseignements, à ce
point utiles qu'il semble d'une nécessité réelle ou
tout au moins d'une prudence élémentaire de
les acquérir avant de se lancer dans une entre-
prise quelconque, d'autre part, la perception

exacte de la situation économique du pays est de nature à renseigner plus spécialement les intéressés sur l'orientation à donner à leurs efforts, en conformité des moyens dont ils disposent.

A ce point de vue, les statistiques publiées par la Régence sont particulièrement suggestives, car, tout en démontrant que les progrès accomplis durant ces dernières années sont des plus remarquables, elles initient ceux qui se donnent la peine de les consulter au développement de la production agricole, à la valeur de l'exploitation industrielle, à l'importance du courant commercial, supputés au moment même, comme aussi à l'extension dont ils restent susceptibles.

De l'étude des chiffres qui suivent, puisés aux sources officielles, des idées peuvent jaillir, germes possibles d'une nouvelle contribution à l'essor du négoce international.

* * *

La Tunisie n'est pas un pays agricole homogène.

Aussi, les modes d'acquisition de la propriété diffèrent-ils assez sensiblement suivant les régions. Mais la loi foncière du 1er juillet 1895 sur

Dans une exploitation agricole tunisienne. Attelages de bœufs pour le labourage.

l'immatriculation a fixé une saine réglementation de forme et de procédure définitive; ses avantages se sont déjà fait sentir, notamment en ce qui concerne l'incontestabilité du titre de propriété conféré, au point d'abaisser à 5 p. c., et même à 4 p. c. pour les terres immatriculées seules, le taux de l'intérêt sur hypothèque qui, en Tunisie, n'est pas inférieur à 10 p. c.

Le code musulman reconnaît le droit de propriété privée, la vivification des terres inoccupées et l'usucapion par la possession nettement établie.

* * *

Sur les 2,600,000 hectares de terres cultivables de la Tunisie, la colonisation française occupe, à l'heure actuelle, environ 700,000 hectares, dont 240,000, acquis directement par les colons français à l'Etat tunisien et 460,000, achetés à des indigènes.

D'année en année, la culture des céréales absorbe des surfaces de plus en plus étendues, en même temps que la production par hectare augmente sensiblement.

La moyenne de la production céréalaire pendant les cinq premières années de l'instauration du Protectorat a été de 1,800,000 hectolitres; celle des cinq dernières années atteint 9 millions d'hectolitres.

Les rôles de l'impôt établissent qu'au début de l'intervention française les indigènes ne labouraient que 530,000 hectares, tandis que, de nos jours, ils en cultivent plus d'un million, auxquels il y a lieu d'ajouter les 200,000 hectares labourés par les colonisateurs français.

Malgré sa progression nettement ascendante, le rendement de la culture est relativement faible, à cause surtout des procédés trop sommaires qui n'ont pas encore été déracinés partout. On peut signaler, à titre de démonstration frappante du fait, que la moyenne de la récolte obtenue de leurs terres par les indigènes n'est que de 6 hectolitres par hectare, alors qu'elle s'élève à 16 hectolitres sur des terres voisines, de même qualité, mais travaillées par des étrangers d'après les règles de la technique moderne.

Cependant, l'amélioration est sensible et due en ordre principal à l'emploi de plus en plus généralisé d'un outillage perfectionné; déjà près de 3,000 charrues françaises sont conduites par les indigènes. L'introduction de machines et d'instruments aratoires nouveaux et la diffusion de l'enseignement agricole permettront de pratiquer un mode de labourage plus rationnel et

Phot. Lehnert et Landrock à Tunis.

Oasis de Gabès. Gabès, ville et port de la Tunisie méridionale. Ses 15,000 habitants vivent des produits de l'oasis, très fertile, grâce à l'abondance des eaux courantes.

pourront ainsi contribuer, d'une manière indirecte, à l'accroissement de la puissance productive du sol tunisien et de l'importance du rendement des récoltes.

* * *

Après la culture des céréales, dont la production annuelle atteint une valeur moyenne de 80 millions de francs, c'est celle de l'olivier qui

tient la première place dans l'économie rurale de la Tunisie. L'arbre toujours vert qui porte les olives se rencontre en vastes forêts dans le Sahel, surtout dans la région de Sfax, et donne au sol qu'il occupe une plus-value considérable.

A l'époque romaine, l'olive constituait la principale source de richesse du pays, et de nos jours encore, elle continue à alimenter pour une grosse part le négoce de l'Altantide orientale. La production de l'huile d'olive, qui varie entre 35 et 40 millions de litres par an, représente une valeur moyenne de 15 millions de francs. Plus de 200 huileries, installées à Sfax, à Sousse, à Moknine, à Asaken, à Zaghouan, travaillent d'après des méthodes perfectionnées.

Si, toutes proportions gardées, la Tunisie est plus riche que l'Algérie, c'est en grande partie à ses olivettes qu'elle en est redevable.

* * *

L'exploitation rationnelle du chêne-liège est constamment en progrès, et les bénéfices qu'elle a déjà réalisés se chiffrent par des millions de francs. Près de 50,000 hectares, plantés de plus de 20 millions de pieds, sont en plein rapport. De nos jours, la récolte de liège atteint environ 45,000 quintaux par an. D'autres essences comptent parmi les richesses de la Tunisie, notamment le pin d'Alep, le chêne zéen, le thuya, le sapin rouge, le frêne, le sumac et de nombreuses espèces à bois d'ébénisterie ou de charpente.

En y comprenant le maquis, le domaine forestier couvre, dans le pays entier, 810,000 hectares.

* * *

Les vins récoltés en Tunisie, surtout les muscats et les banyuls, sont de bonne qualité ; grâce à de minutieuses précautions douanières, le phylloxera est pour ainsi dire inconnu dans le pays. Les vignobles en pleine production couvrent de grandes étendues et se développent régulièrement, ainsi que le montre le relevé succinct ci-dessous :

| Années | Hectares | Production en hectolitres |
|---|---|---|
| 1882 | 100 | — |
| 1885 | 814 | — |
| 1890 | 4,500 | 53,000 |
| 1900 | 9,708 | 225,000 |
| 1908 | 14,785 | 345,000 |
| 1911 | 16,130 | 400,000 |

Ces chiffres sont assez significatifs pour se passer de commentaires.

* * *

Les côtes tunisiennes sont extrêmement poissonneuses.

Au cap Bon seul, les pêcheries capturent en moyenne, par an, 20,000 thons qui donnent un rendement d'un million de francs. Aux environs de Tabarka, des pêcheries spéciales prennent une moyenne annuelle de 1,500 tonnes de sardines et de 1,000 tonnes d'anchois, dont la vente produit plus ou moins 1,200,000 francs.

La pêche de l'éponge est également très importante et très lucrative : dans les seuls environs de Sfax, les sacolèves ramènent annuellement 160 à 170 tonnes d'éponges, valant 4 millions de francs.

* * *

Les phosphates et les minerais de fer, de zinc et de plomb constituent les principales richesses minérales du Beylicat.

Le tableau ci-dessous peut donner une idée de la grande extension industrielle minière prise par la Tunisie, durant ces dernières années :

| ANNÉES | Nombre de mines concédées | EXPORTATION TOTALE Milliers de tonnes | | | | Valeur totale en milliers de francs |
| | | de zinc | de plomb | de cuivre | de fer | |
| --- | --- | --- | --- | --- | --- | --- |
| 1893 | 3 | 6 | | | | 218 |
| 1894 | 8 | 11 | | | | 620 |
| 1895 | 8 | 11 | | | | 563 |
| 1896 | 9 | 8 | | | | 470 |
| 1897 | 10 | 12 | | | | 877 |
| 1898 | 12 | 29 | 2 | | | 1,270 |
| 1899 | 13 | 36 | 8 | | | 2,141 |
| 1900 | 14 | 23 | 7 | | | 1,880 |
| 1901 | 17 | 20 | 6 | | | 2,226 |
| 1902 | 25 | 26 | 11 | | | 2,906 |
| 1903 | 28 | 25 | 15 | | | 5,806 |
| 1904 | 32 | 33 | 27 | | | 6,789 |
| 1905 | 33 | 33 | 23 | 0 5 | | 8,038 |
| 1906 | 37 | 33 | 25 | 0.8 | | 8,384 |
| 1907 | 38 | 34 | 31 | 1.2 | | 10,050 |
| 1908 | 41 | 26 | 34 | 0.5 | 97.3 | 11,460 |
| 1909 | 41 | 24 | 50 | 0.22 | 217.1 | |
| 1910 | | | | | 850 | |

Quant à l'exportation des phosphates, elle a suivi une progression à peu près constante : en 1904, elle a été de 500 tonnes; en 1906, de 1065; en 1907, de 1,260; en 1908, de 1,230; en 1909, de 1,320 tonnes.

Après les phosphates, dont la production annuelle représente actuellement 35 millions de francs, le minerai de fer, qui se rencontre en Kroumirie, au Nefzaoua et au Kef, figure parmi les ressources importantes de la Tunisie; son exportation rapporte une moyenne de 5 millions de francs pour 1 million de tonnes.

* * *

D'après le relevé suivant, l'essor du négoce extérieur de la Régence pendant ces dernières années semble réellement prodigieux :

| | | | |
| --- | --- | --- | --- |
| 1881 | . . . | 5,000,000 | de francs |
| 1894 | . . . | 80,000,000 | " |
| 1906 | . . . | 170,000,000 | " |
| 1911 | . . . | 240,000,000 | " |

Ces chiffres, qui résument la situation économique générale du pays, sont tout à fait concluants et montrent les heureuses conséquences de l'établissement du Protectorat français sur la terre d'Afrique.

* * *

Plus de 490 kilomètres de chemins de fer à voie normale et 1,100 kilomètres à voie étroite sillonnent la Tunisie. Le mouvement des voyageurs dépasse 3 millions d'unités par an et celui des marchandises 2 millions de tonnes; les recettes de l'exploitation s'élèvent annuellement à 15 millions de francs. Les chemins de fer tunisiens se répartissent en deux réseaux : celui de la Compagnie Bône-Guelma et celui de la Compagnie de Gafsa; leurs lignes desservent les principales régions agricoles et industrielles du pays.

La construction des routes fait également l'objet de la sollicitude du gouvernement. A la fin de l'année 1910, les sommes dépensées pour la construction de chaussées nationales ou chemins de grande communication et de voies de colonisation ou chemins vicinaux, dont la longueur totale dépasse actuellement 4,200 kilomètres, s'élevaient à 40 millions de francs. Il existe, en outre, 200 kilomètres de routes construites par les communes.

Quant au service postal, il est admirablement organisé et donne, grâce à l'autonomie dont il jouit, de remarquables résultats. Le nombre des bureaux de poste s'élève à environ 400; la longueur des lignes télégraphiques dépasse 4,000 kilomètres; le nombre des réseaux téléphoniques est de 59 et la longueur des circuits interurbains de 3,900 kilomètres.

L'œuvre accomplie semble donc gigantesque, si l'on considère le nombre d'années qui ont suffi pour la mener à bien et les énormes difficultés qu'il a fallu vaincre; le pays dispose d'ores et déjà d'un outillage économique des plus important et des plus moderne.

* * *

Sans augmenter les impôts existants, sans en établir de nouveaux, en dégrevant même, la Tunisie, après trente années de Protectorat, est arrivée, par l'amélioration des moyens de perception et le développement rationnel de la matière imposable, à doter annuellement les administrations et services publics de 34 millions de francs, les travaux publics de 8 millions, l'instruction

Le Sahara. Dunes de sable.

Phot. Lehnert et Landrock à Tunis.

publique de 4 millions, les postes et télégraphes de 3 millions, l'entretien des routes de 3 millions et la police de 2 1/2 millions.

Le total du budget ordinaire des services publics au moment de l'instauration du Protectorat n'atteignait pas 2 1/2 millions de francs, chiffre actuellement dépassé par le seul crédit destiné à l'organisation policière.

Malgré le montant plutôt élevé de la dette tunisienne, les finances du pays sont prospères. Le passif de la Régence est de 357 millions de francs, amortissables en 80 ans ; les intérêts et les annuités se paient régulièrement. Un nouvel emprunt de 80 millions a été décidé, en 1912, aux fins d'achever la construction des voies ferrées. Dès lors, le pays sera pourvu d'un réseau superbe non seulement à des conditions avantageuses, mais encore sans charges nouvelles, puisque, sous le régime actuel, la population aura profité de certains dégrèvements.

La richesse publique de la Tunisie est estimée à plus d'un milliard de francs, la valeur des terrains de parcours non comprise.

En effet, la fortune mobilière s'élève à plus de 68 millions de francs, répartis comme suit :

| | |
|---|---:|
| Titres . . . . . . . . . fr. | 50,000,000 |
| Dépôts de fonds . . . . . . | 11,750,000 |
| Caisse nationale d'épargne. . . | 5,600,000 |
| Sociétés de prévoyance indigène . | 690,000 |
| Fr. | 68,040,000 |

La fortune immobilière, qui continue à se développer régulièrement, est évaluée, de nos jours, à 975 millions de francs se décomposant comme suit :

| | |
|---|---:|
| Valeur du domaine immatriculé fr. | 300,000,000 |
| Olivettes . . . . . . . . | 212,000,000 |
| Champs de céréales . . . . . fr. | 200,000,000 |
| Valeur des immeubles des villes . | 180,000,000 |
| Vignobles. . . . . . . . | 42,000,000 |
| Bétail . . . . . . . . . | 41,000,000 |
| Fr. | 975,000,000 |

* * *

En instaurant dans le Beylicat la brillante civilisation européenne, la France a largement contribué à l'augmentation de la richesse économique du pays.

Les Carthaginois et les Romains, par leur colonisation méthodique et intelligente, avaient su faire de la Tunisie une des contrées les plus prospères du monde ; depuis cette époque, des siècles de déchéance avaient couvert de leur noir et lourd manteau cette splendeur éphémère.

La France a repris avec courage l'œuvre admirable des anciens. Secondée par le pouvoir beylical dont le concours efficace et zélé ne lui a jamais fait défaut, elle a réussi, par une pénétration aussi généreuse que sage et opportune, à délivrer de la charge séculaire qui s'appesantissait sur elle, cette merveilleuse terre levantine qui semblait à jamais déchue et qui renaît, superbe de vitalité, à la lumière du progrès fécondant.

Aujourd'hui, la Régence de Tunis convie l'Occident laborieux à prendre part à son commerce international.

Pour maintenir et accroître en Tunisie son prestige et son renom de grande productrice, la Belgique ne reculera devant aucun effort. Soucieuse d'étayer son trafic extérieur, elle s'attachera essentiellement à créer des rapports de plus en plus suivis avec ces régions de l'Atlantide, si attirantes à tous les points de vue.

Un îlot de verdure dans la région désertique.

*Phot. Lehnert et Landrock à Tunis.*

DES PRESSES DE
L'IMPRIMERIE DE « L'EXPANSION BELGE »
4, RUE DE BERLAIMONT, 4
BRUXELLES
—
1913

www.ingramcontent.com/pod-product-compliance
Lightning Source LLC
Chambersburg PA
CBHW061219030726
47595CB00004B/1312

* 9 7 8 2 0 1 1 9 2 6 2 2 7 *